Ilka Scheidgen

Zu Besuch bei Peter Rühmkorf und Dorothee Sölle

Ilka Scheidgen

Zu Besuch bei Peter Rühmkorf und Dorothee Sölle

Bibliografische Information der Deutschen Nationalbibliothek:
Die Deutsche Nationalbibliothek verzeichnet diese Publikation in der Deutschen Nationalbibliografie; detaillierte bibliografische Daten sind im Internet über http://dnb.dnb.de abrufbar.

TWENTYSIX – Der Self-Publishing-Verlag
Eine Kooperation zwischen der Verlagsgruppe Random House und BoD – Books on Demand

© 2016 Ilka Scheidgen
© 2016 Ilka Scheidgen für alle Abbildungen bis auf die Abbildung auf Seite 48 (© Der Literat, Fachzeitschrift für Literatur und Kunst)

Herstellung und Verlag:
BoD – Books on Demand, Norderstedt

ISBN: 978-3-740715519

Inhalt

Peter Rühmkorf

Biografisches	8
Mein Besuch bei Peter Rühmkorf	10
Nach meinem Besuch	33
Nachruf	55

Dorothee Sölle

Biografisches	58
Mein Besuch bei Dorothee Sölle	60
Nachruf	95

Peter Rühmkorf

Der Lyriker und Essayist Peter Rühmkorf wurde am 25. Oktober 1929 in Dortmund als Sohn der Lehrerin Elisabeth Rühmkorf geboren. Sein Vater, den er nie kennen lernte, war Puppenspieler. Von 1951 bis 1958 studierte er in Hamburg Germanistik, Kunstgeschichte und Psychologie. Zusammen mit Werner Riegel gründete er 1951 die Zeitschrift 'Zwischen den Kriegen' und schrieb für die Zeitschrift ‚konkret' lyrisch-politische Kolumnen. Von 1958 bis 1964 war er Verlagslektor im Rowohlt Verlag. Seitdem lebte er als freier Autor in Hamburg. 1964 heiratete er die Psychologin Eva-Marie Titze, die als Eva Rühmkorf Kultur- und Bildungsministerin des Landes Schleswig-Holstein tätig war.

Sein erster Gedichtband ‚Irdisches Vergnügen in g' erschien 1959 und ließ bereits Rühmkorfs Virtuosität in Reim und Rhythmus erkennen. Seine Verse sind geprägt von spielerischer Leichtigkeit, verbunden mit einer humorvollen Skepsis. Auch in seinen Essays brilliert Rühmkorf mit scharfzüngiger Persif-

lage. In seinen Tagebüchern ‚Die Jahre die Ihr kennt' (1972), ‚TABU I' (1995) und ‚TABU II' (2004) wählte Rühmkorf eine Mischform von persönlichen Gedanken, essayistischen Betrachtungen und Gedichten, die zu einer Art persönlicher Geschichtsschreibung werden. Peter Rühmkorf hat auch einige Dramen geschrieben, denen aber kein großer Erfolg beschieden war.

Peter Rühmkorfs Werk wurde mit zahlreichen Preisen ausgezeichnet, u. a. 1979 mit dem Erich-Kästner-Preis und dem Annette-von-Droste-Hülshoff-Preis, 1993 mit dem Georg-Büchner-Preis, 2000 mit dem Hoffmann-von-Fallersleben-Preis für zeitkritische Literatur, 2002 mit dem Joachim-Ringelnatz-Preis für Lyrik. Er erhielt die Ehrendoktorwürde der Universitäten Gießen und Göttingen.

Von 1958 bis zu seinem Tod am 8. Juni 2008 wohnte Peter Rühmkorf in Hamburg.

Posthum wurde ihm 2009 der Kasseler Literaturpreis für grotesken Humor verliehen.

Mein Besuch bei Peter Rühmkorf

Övelgönne - ein so besonderer Ortsteil von Hamburg, wie auch Peter Rühmkorf außergewöhnlich ist. Nur zu Fuß zu erreichen. Kein Auto kann vor dem Haus geparkt werden. Das ist nicht jedermanns Sache. Das Eingekaufte muss über die ‚Himmelsleiter' getragen werden – eine lange Treppe, die von der Elbchaussee hinunterführt zum feinsandigen Elbufer und der alten ehemaligen Lotsen- und Kapitänssiedlung.

Hier lebt Peter Rühmkorf seit 1967, gemeinsam mit seiner Frau Eva.

„Einen anderen Platz zum Leben kann ich mir nicht vorstellen", sagt er, schenkt uns etwas zu trinken ein und zündet sich eine Zigarette an. Vom Wohnraum – bestückt mit ledergebundenen Klassikern und Kunst, die den Kenner verraten. (Rühmkorf studierte außer Germanistik, Psychologie und Pädagogik auch Kunstgeschichte) – schaut man auf den regen Fluss und die Schiffsanlagen am anderen Ufer.

Lieber wäre Peter Rühmkorf mit mir in den darüber gelegenen Arbeitsraum gegangen. „Von dort oben kann man über alles hinwegsehen", sagt er schmunzelnd, „über die ganze Welt!" Aber Tausende von Büchern, zum ersten Mal seit 10 Jahren ausgestaubt, so erzählt er, versperren den Weg in sein Arbeitsreich.

„Früher waren ja hier noch diese kleinen Läden, wo man sich kannte", sagt er jetzt. Und unversehens sind wir beim Thema. „Diese kleinen Krauter", und seine Stimme nimmt eine melancholische Färbung an, „denen habe ich mich immer verwandtschaftlich nahe empfunden. Das ist doch irgendwie ein verwandter Beruf!"

Tante-Emma-Läden, Jahrmarkt, Puppenspiel – Stationen einer Biografie, deren Anfänge Peter Rühmkorf so skizziert: „*Geboren am 25.10.29 als Sohn der Lehrerin Elisabeth R. und des reisenden Puppenspielers H.W. (Name ist dem Verf. bekannt) in Dortmund.*"

Ein Vagant, eine Art von Puppenspieler, der seine Gedichte, Possen und Lieder auf Märkten und Plätzen vortrug, ist Peter Rühmkorf ja dann auch geworden. Und seine provokativ-schelmischen, seine parodistischernsten Verse sind nicht wegzudenken aus der Lyrik der vergangenen Jahre.

Mit einem wachen Gefühl für die Gefährdung des Menschen durch Unterdrückung und Anpassung begann Rühmkorf neben seinen eigenen Arbeiten, sich für den Kindervers zu interessieren, nicht die bürgerlich-wohlmeinenden, die in Kinderlieder-Sammlungen zu finden waren, sondern diejenigen, an die er sich aus seiner eigenen Kindheit und Schulzeit erinnerte. Weil er diese nirgendwo aufgeschrieben fand, begab er sich gezielt auf die Suche nach ihnen, schaute dabei dem ‚Volk aufs Maul' und förderte bei diesen Feldstudien eine Fülle von Material zutage.

„Es ging mir auf einmal ein Leuchter auf", erzählt er, „dass alle Menschenkinder in einer bestimmten Zeit ihrer Kindheit mit Poesie Umgang gehabt haben. Vor Jahren schien mir das als Gottesbeweis schlechthin für die Poesie! Eine ganz eigene Kinderkultur war da am Werk: Es ist doch ungeheuerlich, dass kleine Kinder solche selbst geschaffenen Dinge im

Kopf haben und sie weitertransportieren, ohne dass sie jemand dazu drängt."

Besonders sei ihm aufgefallen, dass Kinder keine Heldenverehrung kennen. Kein einziges Lob! Weder für Sänger, Fußballspieler noch andere Größen der Erwachsenen- oder Kinderwelt. „Nur der Kindervers lässt sich nichts vormachen, er lässt sich nicht dirigieren, im Gegenteil", resümiert Peter Rühmkorf seine Erfahrungen. „Er hat stets etwas dagegen anzumelden. Am Kindervers exemplifiziert sich das Antiautoritäre. Dennoch ist es erstaunlich, dass die Kinder mit solchen Versen nicht nur gegen die Erziehung und Ordnungswelt der Erwachsenen zu Felde ziehen, sondern dass sie sich darin auch kleine Regeln setzen, teilweise sogar auf geradezu demokratische Weise."

Gemeinschaftsbildung finde hier in demokratischer Abstimmung statt, eine Vorstellung, die Peter Rühmkorf auch in den Anfängen der Studentenbewegung verwirklicht sah und die ihm ungeheuer gut gefallen hat. Das gemeinschaftliche Tun war für ihn ein wichtiges Kriterium der 68er Jahre. „Leider ist es dann aber viel zu bald", erzählt er mit Bedauern, „in Querelen und Kämpfen untereinander verloren gegangen."

Seine Sammlung von Kinder- und Volkspoesie ‚Über das Volksvermögen – Exkurse in den literarischen Untergrund' – ist eine umfassende Dokumentation dieser Mikroflora, von der Peter Rühmkorf befürchtet, dass sie durch die immense Überflutung durch das Fernsehen mehr und mehr zum Verschwinden verurteilt ist.

Die Neugierde, die Entlarvungsfreude, die Enthüllungslust – all ‚jene Eigenschaften, die den Kindervers dort entstehen lassen, wo die elementaren Interessen der Kinder gefährdet sind, sind auch die grundlegenden Motive für Rühmkorfs Schreiben. Das Interesse daran kam nicht von ungefähr. So ist auch Rühmkorfs eigene Lyrik gekennzeichnet durch Schnoddrigkeit, Aufbegehren, kritischen Sarkasmus, Parodie und Persiflage.

Schon früh (1956), als Vertreter einer betrogenen Kriegsgeneration, erhob Rühmkorf seine Stimme gegen die sich etablierende Wirtschaftswunder-Gesellschaft und verkündete das ‚Ende aller Ismen'. Große Hoffnungen setzte er in die Studentenbewegung der 60er Jahre, die zunächst seinen Glauben in die Veränderbarkeit des Menschen und seines sozialen Umfeldes zu rechtfertigen schien. „Kunst muss getragen werden durch Verantwortungsgefühl gegenüber den sozialen Gemeinschaftsaufgaben."

Der Zusammenbruch jener Solidaritätsideale war für Rühmkorf eine bittere Enttäuschung. Traurig bilanzierte er: „Habe viele Schlachten, aber nie meine Identität verloren." Und trotz manch resignativer Töne „Wo nun dieser mein Witz das Land nicht verändert, /mein Mund auf der Stelle spricht", wurde er nicht zum „dichtenden Privatmenschen". Das wäre eben nicht Peter Rühmkorf!

„Komm raus! Komm raus aus deiner kaskoversicherten Dunkelkammer! ...Immer noch vielerlei Licht hier .../Hier nichts gewollt zu haben, /ist soviel wie verspielt, das weißt du, oder?/...Komm raus aus deinem Todeskoben, überleg dir das Leben:/Die Morgenschiffe rauschen schon an-/ ein Tag aus Gold und Grau:/willst du mit rein?"

Die häufig benutzten Imperative sind zugleich Programm: „Bleib erschütterbar - und widersteh"

„Das Gedicht ist ja eine Form des Monologs, der Selbstansprache", antwortet Peter Rühmkorf auf meine Vermutung, dass er mit solchen Aufforderungen auch sich selbst meine. „Es führt aber dann zum Dialog, wenn das Ich sich selbst als Du anspricht. Und über das geduzte Ich ist dann der Sprung zum Du des andern möglich, so dass in dem Du des andern auch das Ich mit angesprochen wird." Lächelnd fügt er hinzu: „Das ist die eigenartige Magie von Gedichten, diese Wechselbeziehung zwischen Ich und Du."

Aber es gibt auch immer wieder und immer noch – dennoch – Dinge und Erlebnisse, an denen sich das Dichterwort zärtlich entzündet: „Flüchtig gelagert in dieses Gartengeviert, /wo mir der Abend nicht aus dem Auge will, /schön ist's,/hier noch sagen zu können schön ..."

Der möglichen Gefahr von romantischer Verklärung beugt Rühmkorf vor mit einer frechen Wendung, mit respektlos-virtuosen Variationen auf bekannte Lieder, durch Ironie ... „Der Mond ist aufgegangen/Ich, zwischen Hoff- und Hangen,/rühr an den Himmel nicht./Was Jagen oder Yoga?/Ich zieh die

Tintentoga/des Abends vor mein Angesicht ..."

Und ich verstehe, dass Hans Magnus Enzensberger ihn einen ‚metaphysischen Dichter' genannt hat. „Ist Ihnen diese Bezeichnung unangenehm?", frage ich Peter Rühmkorf. „Aber ganz und gar nicht!", meint er mit Vehemenz. „Es ist ja wahr, es ist ja so, nur wusste es niemand, und ich bin froh, dass Enzensberger es gesagt hat."

Seine frühen Vorbilder Hans Henny Jahnn, Brecht, Benn, Döblin hätten neben einem starken politischen Interesse auch die metaphysische Dimension in ihrem Werk gehabt. Da seien ja auch die großen Fragen der Menschheit nach dem Woher und Wohin. Und auch der Wunsch nach Erlösung. Poesie, Musik - das habe immer etwas mit Metaphysik zu tun: „Wenn ich in ein bewegendes Konzert gehe, gehe ich bereichert und erhoben und vielleicht sogar geheilt nach Hause."

Der melancholische Dichter Peter Rühmkorf ist bei aller Provokation ein verkappter Romantiker, ein Moralist mit prophetischem

Appell, ein poetischer Pädagoge und Liebeslyriker, all das zumeist im Gewande des ‚Bruder Lustig', eines Possenreißers, der nicht so sehr Moral predigt, als vielmehr zunächst und besonders sich selbst in Frage stellt. „Dichtung ist Ausnahmezustand und wird es immer bleiben", sagt er. Voraussetzung zum Dichten sei eine „eigentümlich verrückte Schiefstellung zur Welt".

Rühmkorf will nicht nur bloßstellen, was in dieser Gesellschaft nicht stimmt. Er bleibt auch nicht beim Wunsch nach Aufbrechen von verkrusteten Strukturen, Veränderung, Erneuerung stehen. Über die Aufklärung, über die Entlarvung hinaus mahnt er das persönliche Mitgenommensein an, damit das Leiden an der Menschheit nicht „zum bloßen Routinefall" wird: „ … denn wenn es weiter so weitergeht wie bisher, /ist bald Schluß." – „Kein Grund zum Aufgeben, Meister!", so beschwört er sich selbst. „Such dir Menschen, Genossen, Mitstreiter, die das Dunkel teilen, das reichlich nachgeflossen kommt."

Bei diesen Zitaten, die ich ihm in unseren Gesprächen nenne, kommt Peter Rühmkorf noch einmal auf die 68er Bewegung, die APO-Zeit zurück. „Ja, eine große Hoffnungsbewegung kann zu einer großen Enttäuschung werden."

Und er erzählt von seiner literarischen Arbeit für die Zeitschrift ‚*konkret*', in der damals „all die großen Themen" behandelt worden seien und dass diese literarischen Bemühungen nicht im elitären Raum stecken blieben, sondern sich auf Straßen und Plätzen verbreiteten. „Es begannen sich die Früchte einzustellen in Form eines neuen Geistes der Solidarität, Freundschaft, Genossenschaft und Kameradschaft, der sich gegen eine autoritäre Besserwisserei durchsetzte. Dennoch hat sich die Bewegung schon nach wenigen Jahren als Illusion erwiesen. „Es hat 67 begonnen und war 70/71 faktisch schon vorbei."

Als Rühmkorf 1971 von einem Amerikaaufenthalt zurückkam, existierte die APO nicht mehr. Ein Selbstzermahlungsprozess hatte die viel versprechenden Ansätze zunichte gemacht. „Gruppen und Grüppchen lagen miteinander im Streit, lauter Alleinvertretungsansprüche sprachen der Idee der Solidarität Hohn." Durch Literaten, die in dieser Richtung mitmachten, wurde die Literatur selbst verabschiedet, der Literatur wurde der Abschiedsbrief ausgestellt, und die Paten der Bewegung wurden ziemlich unsanft abserviert. Dann war es schwer, erinnert sich Rühmkorf, „man musste sich wieder auf seine eignen Sachen besinnen und seine Knochen zusammensammeln."

Nicht zum ersten Mal passierte es, dass ein ‚soziales Integral' wie eine Seifenblase zerplatzte. Dennoch, so sieht Peter Rühmkorf es heute, sind die Denkanstöße von damals nicht folgenlos geblieben. Sie setzten vieles in Gang, was heute aus dem öffentlichen und auch privaten Leben nicht mehr wegzudenken ist, beispielsweise die Wohngemeinschaften, das Demonstrationsrecht, die Emanzipation der Frauen, die fehlende Autoritätshörigkeit, eine freiere Erziehung.

„Ja, doch etwas ist geblieben", sagt Peter Rühmkorf, schenkt uns noch einen guten Tropfen nach, lehnt sich im Sessel zurück und schaut versonnen dem Rauch der Zigarette nach.

Ich möchte von ihm gerne erfahren, was die Verleihung des Büchnerpreises, des bedeutendsten bundesdeutschen Literaturpreises, für ihn bedeute. Seine Augen blitzen vergnügt hinter den Brillengläsern. „Ich habe das gerne als Gelegenheit genommen, um mal wieder eine Rede zu halten. Das habe ich immer gerne getan. Ich habe so lange zur Lage der deutschen Dinge nichts gesagt, oder nur ganz wenig. Deshalb habe ich diese Gelegenheit gerne wahrgenommen, meine Gedanken dazu mitzuteilen."

„Und Büchner selbst", frage ich. „Büchner ist natürlich eine ganz unvergleichliche Größe", antwortet er, wieder ernst geworden. „Unvergleichlich heißt, dass er auch als ein Mensch, der jung gestorben ist, schon so früh weit ausgebildet war. Da ist ein wirkliches, bedeutendes jugendliches Genie. So war das bei mir ja keineswegs!"

Peter Rühmkorf lacht. „Bei mir hat sich alles langsam herangebildet, in Etappen. Trotzdem gibt es verwandtschaftliche Züge, auch über die Zeiten und über die Altersströme hinweg. Bei aller Unvergleichlichkeit eine

Verwandtschaft an Neigungen, wenn man zum Beispiel den 'Hessischen Landboten' nimmt. Was da an sozialen Umwälzungen drinsteckt!"

„Peter Rühmkorf - also wie Georg Büchner ein Revolutionär?", stelle ich als Frage in den Raum.
„Ein Revolutionär, ja, aber mit allen Skrupeln und aller Skepsis, die man gegenüber einem revolutionären Prozess haben kann."
Trotzdem sei Büchner ein Mann des sozialen Engagements gewesen, bei aller Skepsis. Zwei Seelen hätten in seiner Brust gewohnt: die Verzweiflung an der Revolution und das Bedürfnis nach Umwälzung. „Fast schließt sich das aus", sagt Rühmkorf, „aber als Widerspruchsträger muss man mit beidem umgehen."

Und obwohl sich so viele revolutionäre Ideen als nicht realisierbar erwiesen haben, hat Peter Rühmkorf nicht vom Gedanken der Notwendigkeit einer sozialen Veränderung abgelassen. Es gab sie ja auch, die ‚Frühlinge', die ‚Rosen-Revolutionen' in vielen Nationen. „Viele Hoffnungen hat man geteilt," sagt er wehmütig, „die sich als Illusionen herausgestellt haben!"

Man hat Rühmkorf als einen linken Patrioten empfunden. Schon lange vor der Wiedervereinigung hat er versucht, in das ‚andere Deutschland' hineinzuwirken.

Bei seinen Besuchen und Dichterlesungen in Ostdeutschland hat er sich um eine Annäherung bemüht. „Drüben habe ich immer die Meinung vertreten, dass es dort an Freiheit mangelt, und hier habe ich die Meinung vertreten, dass es an Gleichheit mangelt."

Ein Reformsozialismus, aber nicht in autoritärer Form, wo das Gemeinwesen in Ketten gelegt wird, ist der politische Traum von Peter Rühmkorf. Auch von der politischen, gesellschaftlichen Wirksamkeit des Gedichts hört er nicht auf zu träumen.

Wie Büchner einst formulierte, „Es kann mir aber niemand wehren, alles, was existiert, bei seinem Namen zu nennen", so versteht Rühmkorf sein Leben und Dichten als absolut ‚rücksichtsloses Wahrheitsverlangen', mit dem er seinen Lesern die Wahrheit und nichts als die Wahrheit zuruft. Nicht um Utopien und wirklichkeitsferne Paradiese an einen unerreichbaren Himmel zu malen, sondern immer noch in der Hoffnung auf konkrete, dem Menschen helfende Veränderungen in einer als unzureichend erlebten Wirklichkeit.

„Das ist eine uralte Geschichte", gibt er mir zur Antwort auf meine Frage, ob Kunst einen Erziehungsauftrag habe. „Ich weiß es nicht. Aber wenn Kunst sagt, sie sei nur für sich selbst da, dann ist sie ganz bald isoliert - wird anämisch und immer lebensfremder, sie verliert jede Verbindung zum Leben und wird völlig uninteressant."

Nach einer kleinen Pause fügt er hinzu: „Ich glaube, dass Kunst einen eigenen Verfassungsauftrag hat. Speziell die Lyrik ist dafür da, um den Menschen neu zu verfassen."

Wie jedes künstlerisch strukturierte Gebilde schaffe sie einen eigenen Raum, gewissermaßen einen Handlungsraum. Diesen Handlungsraum bietet der Dichter Peter Rühmkorf an mit seinem unverwechselbaren Ton zwischen Hoffnung und Zweifel, Parabel und Reflexion, Romantik und Aufklärung, Realismus und Poesie, Groteske und Harmonie.

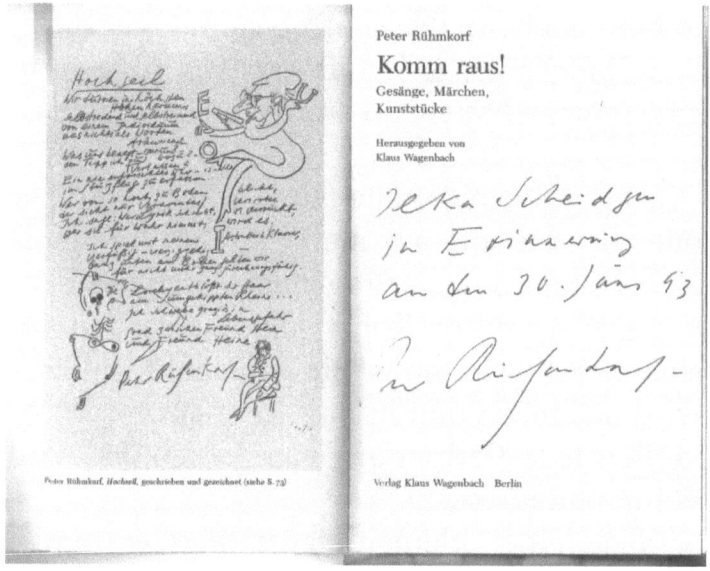

Und wir, seine Leser, täten gut daran, auf diesen Apokalyptiker im Narrengewand, diesen modernen Vaganten zu hören, bevor es zu spät sein könnte.

Nach meinem Besuch

Gerne hätte ich Peter Rühmkorf ein zweites Mal besucht, um mit ihm über die Zeit zu sprechen, die seit unserem ersten Treffen vergangen ist.

„Natürlich erinnere ich mich noch unseres ergiebigen Gesprächs in der Övelgönne, und wir wollen uns auch gern noch einmal treffen", schrieb mir Peter Rühmkorf, und ich freute mich schon sehr auf unser Wiedersehen, auf die zu erwartenden lebhaften Gespräche. Grundlage dafür sollten – nach seinem Wunsch – seine neuen Bücher sein. Sonst, so schrieb er weiter „ist alles noch so schöne Parlieren nur Haschen nach Wind."

Doch das Erscheinen der Bücher ließ auf sich warten, und dann kamen plötzlich so viele Aufgaben und Anfragen, die an Peter Rühmkorf herangetragen wurden, dass er mir mit aufrichtigem Bedauern doch noch einen Absagebrief schicken musste. „Ich krieg schon' n richtigen Beamtenton vor lauter Müdigkeit und Kraftlosigkeit...mein Kopf ist wüst und leer."

Ich sehe ihn also, während ich nun schreibe, in Gedanken vor mir, wie er aus seinen mal melancholischen, mal verschmitzt blickenden Augen hinter den Brillengläsern hinausschaut auf die Elbe, die unterhalb seines Wohnsitzes träge vorüberfließt und die er in vielen Gedichten, besonders aber auch in seinem Tagebuch „Tabu I" in zärtlichen Tönen besingt.

Ich sehe ihn, wie er seinem Zigarettenrauch hinterhersinnt, ein bisschen erschöpft, manchmal auch ein bisschen traurig, denn depressive Stimmungen kennt er durchaus, auch wenn er so freundlich lächeln kann. Und ich hoffe dabei, dass es hauptsächlich die viele Arbeit ist, die ihn an mich hat schreiben lassen: „Ich bin nur noch ein verglimmender Zigarettenstengel."

Vor mir habe ich Peter Rühmkorfs beide Bücher liegen. Ein auch äußerlich sehr schöner Gedichtband mit ‚vorletzten Gedichten', wie er untertitelt ist, ‚Wenn – aber dann' und die reich erweiterte Ausgabe seiner 1972 erschienenen Sammlung von Essays und autobiographischer Prosa ‚Die Jahre, die Ihr kennt', die als erster Band einer Werksausgabe erschienen ist.

Dieser bereits bei ihrem ersten Erscheinen als epochal gefeierten Autobiografie wurden von dem Herausgeber Wolfgang Rasch zahlreiche Bildbelege und unveröffentlichte Lebensdokumente aus dem Privatarchiv Peter Rühmkorfs beigefügt, so dass sich aus diesem Werk nun noch umfassender die private Geschichtsschreibung eines dem Leben und seiner Zeitgebundenheit stets sich bewussten kritisch reflektierenden Autors ablesen lässt.

‚Haltbar bis Ende 1999' hat Peter Rühmkorf einen Gedichtband genannt. Es ist typisch für diesen modernen Vaganten, so mit dem Verfall zu spielen, ja zu liebäugeln.

Aber es sind ja nur *vorletzte* Gedichte, die er uns übergibt; also wird er weitermachen, weiterdichten, natürlich – denn anders kann er nicht: „*Freund, wenn das Leben als solches/ dich direkt bestürmt, berennt,/ kann das Wort sich nur mitreißen lassen.*" (‚Formal nicht zu fassen')

In seiner Trauer über die Heillosigkeit der Welt gegen den Ansturm von ‚Nichtigkeitsschaudern' versucht Peter Rühmkorf nun schon seit langer Zeit *„dem Lebewohl paar letzte Farben ab(zu)gewinnen, die man noch nie so sah".* Immer wieder krempelt er die Ärmel hoch, stellt sich den ihn oft überschwemmenden Welteindrücken in der nur ihm eigenen Poesie eines Aufrüttlers und Ducheinanderwirblers, Artisten und Possenreißers, eines melancholischen Liebenden, dem in diesen neuen, späten Gedichten der Abschied, das Alter ganz mächtig die Mähne zaust. Aber zum Glück hat er ja seinen Hut, mit dem man ihn kennt, „solch ein Schweißband hält nämlich die Gedanken viel besser zusammen."

Doch, Abschiedsstimmung der dem Ende zueilenden Jahre ist aus allen Versen seines Gedichtbandes ‚Wenn – aber dann' herauszuhören. Frech sind sie noch immer, nie dem Zeitgeist opportun, aber von einer noch größeren Zärtlichkeit für die kleinen Glücksmomente durchwirkt.

„Ach, Abschied, oder was ist,/ und wohin verzieht sich der Bogen/ des gerade begonnenen Jahrs?/ Eben noch diesen süßen Sauerstoff durch die Nüstern gezogen/ Und – fahrengelassen – das war' s.// ...Aber es war schon schön, eine frischbegrünte/ Hasel gegen das altgediente/ Grün des Efeus zu sehn".

Sicher und virtuos schmiedet Peter Rühmkorf seinen Wortwitz, seine Wahrsprüche in scheinbar kinderleichte gereimte Strophen. Bei ihm ist auch noch das Schwere stets leicht gesagt. *„Noch ein Ruck und den Hut auf die Haare, / eine Primel schräg an den Hut, es sind auch die späteren Jahre/ manchmal für ein paar Stunden gut.//...Zwar du läufst auf dem äußersten Tropfen,/ was man leicht beim Sinnieren vergißt./ Aber was, wenn das Herz zum Klopfen/ so unhaltbar entschlossen ist?!".*

Was so federleicht, so spielerisch daherkommt im Gedicht, ist Extrakt harter, schweißtreibender Arbeit. Peter Rühmkorf ist gierig und emsig, die Tausende von disparaten Einzeleinfällen, die Anwehungen von Elementarteilchen aus seiner Umgebung, aus menschlichen Begegnungen, aus Gedankensplittern zu politischen und sozialen Schieflagen zu sammeln und sie in Form zu bringen.

Aus spontanem Reagieren auf die Reize der Außenwelt und des eigenen Innenlebens filtert Peter Rühmkorf in einem Kristallisationsprozess ohnegleichen „poetischen Leuchtstoff", und seine dichterische Arbeit sieht er darin, diesen vielen verschiedenen „Kollisionsfunken" im „allgemeinen Kommunikations-Blabla ein individuell behauchtes Aha" entgegenzusetzen. Wie meisterlich er dieses Metier beherrscht, davon zeugen auch diese Gedichte wieder.

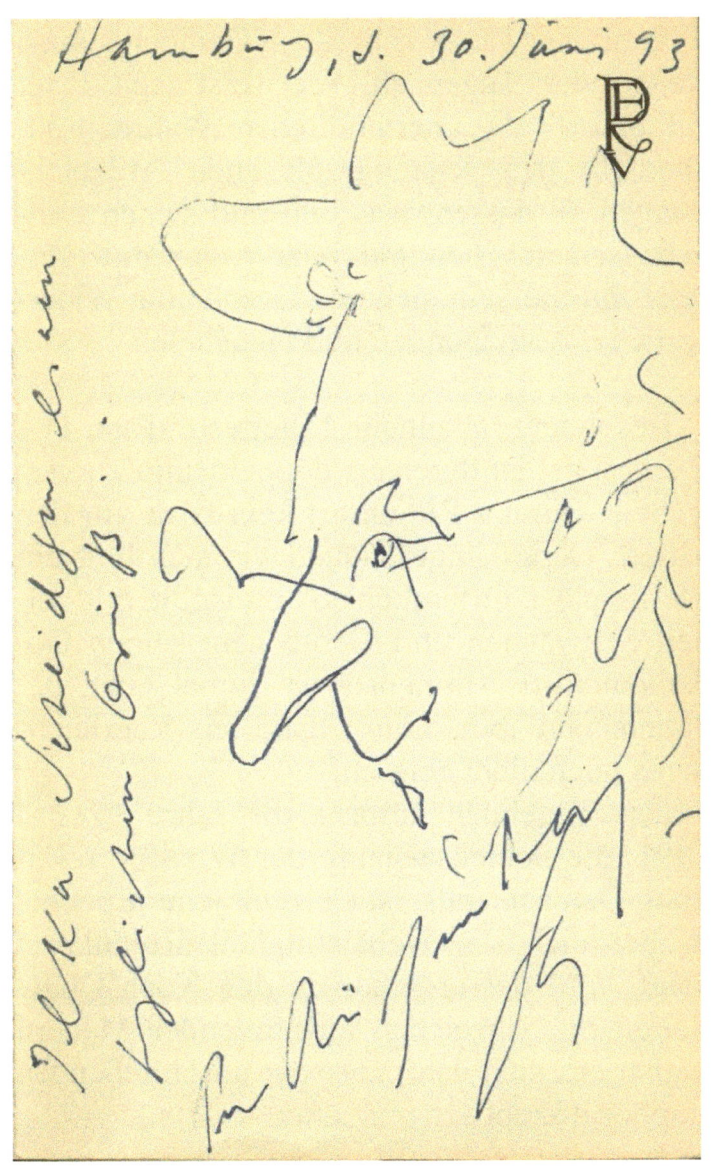

In allem, was er schreibt – Gedicht, Essay, Rede oder Tagebuch – erweist sich Peter Rühmkorf als unermüdlicher Wahrheitssucher. In den seismographischen Aufzeichnungen all dessen, was ihm und seinen Zeitgenossen im Hier und Jetzt widerfährt, verlässt ihn nie sein sicheres Gespür für Widersprüche, Anmaßungen und Heuchelei.

Besonders in seinem Tagebuch ‚Tabu I' – dieser Titel ist durchaus doppeldeutig zu verstehen – nimmt Rühmkorf kein Blatt vor den Mund. Derart ungeschützt, wie sich hier ein Mensch der Öffentlichkeit preisgibt mit seinen Schwächen und Gebrechen, seinen Gedanken über Mitmenschen, zumal auch bekannte und ‚berühmte', habe ich Vergleichbares noch nicht gelesen.

Das Tagebuch umfasst die Jahre 1989 – 1991, die Schicksalsjahre der Wiedervereinigung Deutschlands, ist Chronik jener Epoche, in der sich die Hellsichtigkeit Rühmkorfs zeigt, mit der er schon in den Noch-DDR-Zeiten die Anzeichen einstürzender Mauern registriert, sich dann aber der anschließenden Euphorie skeptisch entzieht.

Die monumentale Sammlung der seit 1971 fünfzehntausend Seiten umfassenden Tagebuchaufzeichnungen, die ursprünglich als Stoffsammlung für einen ZEIT-Roman dienen sollten (und wenn als Tagebuch, dann erst posthum zu veröffentlichen) hat Peter Rühmkorf zum verdaulichen Format eines 620 Seiten-Buches komprimiert.

Hierin wie auch in ‚Die Jahre, die Ihr kennt' zeigt sich die Durchlässigkeit der Gattungsgrenzen. Ein manischer „Weltmitschreiber" ist er, immer im Bestreben, Licht- und Schattenseiten gleich stark zu erfassen, dialogisch und dialektisch auf das zu reagieren, was ihn beunruhigt. Was Peter Rühmkorf dabei an Selbstmitteilung offenbart, setzt auf den „Teilhabenerv" des Lesers und den Resonanzboden, der erst Wirkung entfalten kann.

„Das ganze gesellschaftliche Leben ist ja darauf angelegt, das Ich zu einem platten Nummernschild herunterzuwalzen, das gebrauchsfertig ist und funktioniert." Gerade aber einem solchen bloßen Funktionieren widersetzt er sich mit jeder Zeile, jedem Vers.

„Wer schreibt überhaupt?", fragt er und gibt selbst die Antwort: „Es schreibt doch nicht der ausbalancierte Mensch! Zu Papier drängt es doch nur den Beunruhigten, den Gefährdeten."

Als solchen hat er sich ausgewiesen seit seinen Anfängen, als er ab 1951 für die Zeitschrift ‚Zwischen den Kriegen' seines Freundes Werner Riegel, danach für die Zeitschrift ‚konkret' schrieb und in ‚Die Jahre, die Ihr kennt' den zerstobenen Hoffnungen der 68er Aufbruchszeit nachtrauerte. Dabei ist Peter Rühmkorf immer zutiefst Menschenfreund geblieben, ein „Meliorist", der daran glaubt, dass die Menschheit noch zu verbessern sei, nicht so sehr durch spektakuläre Revolutionen, als vielmehr auf dem Weg der kleinen Schritte. Früh schon hat er dem Glauben an alle „Ismen" abgeschworen. Ihnen setzt er sein dichterisches Werk entgegen, das in der Schonungslosigkeit sich selbst gegenüber, im Verständnis, in der Skepsis, in der Wachsamkeit für den anderen sich allein der Wahrheit verpflichtet fühlt.

Peter Rühmkorf, dieser dem Leben leidenschaftlich verhaftete Dichter, ist lange Jahre vom Literaturbetrieb nicht eben mit Anerkennung verwöhnt worden, obwohl ihm zahlreiche Preise und sogar der Ehrendoktorhut verliehen wurden und er sich daran freuen kann, dass seine bissig-traurigen Lieder nicht im Nichts verhallt sind.

Der Literat

FACHZEITSCHRIFT FÜR LITERATUR UND KUNST · 35. JAHRGANG · SEPTEMBER 9/1993
EINZELPREIS 6,50 DM · POSTFACH 2129 · D-65803 BAD SODEN · 06174/1764

D 5468 E

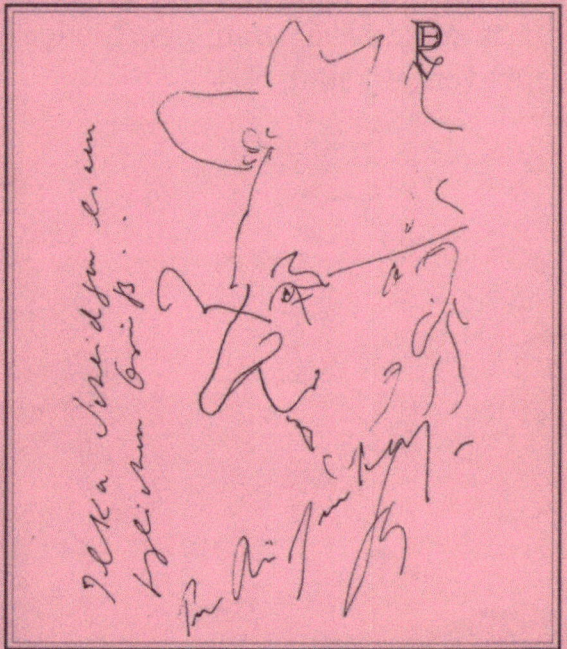

Sein Wort in Dichters Gehör

„Mythos zu bilden, frage nicht welchen während er taut"

In diesen miesepetrigen Zeiten gibt es einen, der ruft sich noch zu „Kein Grund zum Aufgeben, Meister!" bevor er sich anschnallt und zu schreiben beginnt.
Es ist Peter Rühmkorf, der Büchner-Preisträger des Jahres 1993. Sich hat er gezeichnet für sie, und sie – Ilka Scheidgen – hat ihn besucht.

„*Nicht aufgeben, Meister*" und „*Bleib erschütterbar und widersteh*", diese sich selbst verordneten Imperative sind auch heute noch des Dichters täglicher Ansporn, Kunst zu formen mit Sprache. „*Einreden auf den Menschen/ mit zauberischer Stimme, dass er was werde*", das tut er in seinem unverwechselbaren Ton von Schnoddrigkeit gemischt mit Melancholie, Ironie gewürzt mit Utopie, Groteske durchsetzt mit Heilsverlangen.

„*Man kann ja die Augen nicht unentwegt/ vor den eigenen Gedanken niederschlagen;/ lieber noch mal richtig reinbeißen in die Welt...Weil doch das langsame Wegblättern/ ausnahmslos uns alle betrifft/ und das große Dahinfahren auch...Gestreckte Augenblicke - ziemlich unscharf schon - noch etwas in die Länge ziehen/...Aber nur jetzt nicht vorsichtig werden*" ('Überraschendes Wiedersehen').

Denn, so sieht es Peter Rühmkorf, Kunst ist dafür da, angesichts der Tatsache, dass wir sterblich sind, dass nichts auf dieser Welt in Ordnung ist, das Zentripetale zusammenzuhalten, das Ungleichgewicht etwas mehr in die Balance zu bekommen und für den Menschen ein bisschen Harmonie aufleuchten zu lassen. Doch bei Rühmkorf erwartet uns kein Harmoniegesäusel, im Gegenteil, er haut kräftig auf die Pauke und in die Kerben, die dem Lebensbaum/ Weltenbaum schon geschlagen sind. Er verschließt die Augen nicht vor Dreck und Abfall und übersieht dabei dennoch nicht die beatmeten Augenblicke.

„Das Dennoch ist die Gedankenfigur, die mein Leben beherrscht", hat er einmal gesagt. Vielleicht ist dieses Dennoch sogar noch ein bisschen elementarer geworden für ihn, dessen Leben spürbar die besten Jahre hinter sich gelassen hat. *„Einmal noch über das Vorhandene hinaus ... pfeif jedem bunten Vogel, dem du gleichst – / Mehr hast du nie gewollt."*

Es ist so etwas wie ein zärtlicher Trotz, dem unvermeidlichen Lebensende entgegengestellt, gestemmt, *„im Augenblick die Dauer zu beschwören"*, die Rühmkorf in betörendergreifende Bilder kleidet, wenn auch der Spott und die Selbstironie stets griffbereit sind. *„Paar verräterisch gelbe Blätter schon wieder/ hoch oben im Baum,/ ach, die*

Welt//...Wenn da wenigstens irgend etwas über den Horizont,/ ich meine, herausragen würde./ Eine spankistenblonde Sonne/ oder eine Idee./ Statt wie ein Mistkäfer immer nur so weiter/ seine Kugel vor sich herrollen müssen." (‚Ungemütlicher Tag') Oder in dem Gedicht ‚Nur aus Sport': *„Leider, es ist so, das Jahr verblüht sich,/ nur der Efeu dreht sein Ding in Ruh,/ doch du merkst, bei jeder Windung zieht sich/ eine andre Schlinge/ enger zu".*

Es ist nicht verwunderlich, wenn Peter Rühmkorf sagt, in seinen Gedichten sei er noch immer am meisten er selbst. Nur ein Nie-Saturierter, ein Alles-in-Frage-Stellender verschreibt sich mit Haut und Haaren der Kunst. Einer Kunst indes, die nicht von Kulturverwaltern reglementiert wird, sondern die sich ihre eigene Freiheit gibt und dadurch niemals in den Dunstkreis von Ideologien begibt. Kunst muss Wagnis sein, soll sie sich nicht etablieren.

Darin sieht Rühmkorf die Chance seiner Dichtkunst: Indem er sich nicht arrangiert mit Gesellschaft, sich nicht abfindet mit Bestehendem und scheinbar bereits Erreichtem, sondern weiterdrängt mit nimmermüden Fragen, wie es besser werden könnte.

Vorgefundene Antworten, ein vorgefasstes Ich haben Entwicklung schon hinter sich gelassen.

Dies aber wäre das Ärgste für einen Utopisten wie Peter Rühmkorf, der letzten Endes noch immer darauf hofft, dass der lyrische Monolog im Gedicht zu einem „sozialen Plural" wird.

Peter Rühmkorf hat sich ein Leben lang für die subjektive Position entschieden. In ‚Tabu I' gibt es kein Thema, kein Ereignis, was nicht notierenswert, kommentierenswert ist: Spaziergänge an der Elbe, die Passanten, die junge Freundin von nebenan, die ihn in ihrer Wohlansehnlichkeit erfreut, Liebespaare, die Bäume, der Himmel, die Wolken, das Essen, die Verdauung, Musik-, Tabak-, Alkoholgenüsse, Einschlafschwierigkeiten, Hamburger Straßen und Plätze, Freunde, Kollegen und Kritiker, Ellbogenkapitalismus und freiheitlicher Sozialismus. Und obwohl er allein aus seiner Perspektive die Welt ins Visier nimmt,

nimmt er dabei sich selbst nicht allzu wichtig. *"Gestern Tag so hin. - Ausgeschlafen. Gepussel. - Unausgeschlafen. Bisschen Zeugs."* Zwischendrin Gedichte. Und die Arbeit daran. Trotzdem: *"Dieses ganze Dichter-Gedöns, das mir fremd wie irgendwas ist."* Stattdessen: *"Schiffe betrachtet/bewundert"* – und irgendwann zu Dichtung verarbeitet.

Und dann die Aperçus, eine Spezialität von Peter Rühmkorf. ‚Tabu' und ‚Die Jahre' sind voll davon, und man möchte sich daran forthangeln wie an einer Himmelsleiter: *"Morgen ganz weiß mit drei-vier-fünf lila eingekreuzten Streifen darin, dann paar graue Feudelwischer beziehungslos drüberhin. -- Die Elbe um 10.00 morgens wie eine hingeschmissene Glasscheibe. -- Paar junge gebrechliche Flocken, zag, aus geizigem Himmel. -- Der Himmel als Scheuerlappen mit ein paar lichten Rissen."*

Und die Paradoxien: *"Keine Antwort auf die mich wirklich bewegenden Fragen nach einer unbegreiflich sinnreich konstruierten sinnlosen Welt. -- Das schwierigste: sich mit einem lachenden Auge über das andere lustig machen. -- Und immer wieder mal die Frage nach einem sinnvoll geführten Leben in einer wahnsinnig gewordenen Welt."*

Der Dichter Peter Rühmkorf dichtet und wird weiterdichten/ verdichten, noch mit seinem vorletzten Atemzug. er wird seine poetischen Finger auf die Wunden der Menschheit, der Gesellschaft legen, um den Laschen, den Lauen, den Angepassten zu zeigen, dass es so nicht weitergeht, wie es geht. *„Was bleibt? Wer weiß. Vielleicht ein allerletzter*

Pfiff:/ den Saum der Welt noch etwas nachzuschrägen,/ wenn ihr so wollt, Wollust mit Wellenschliff:/ So kommt die Kunst – auf Zeit – der Ewigkeit entgegen." Die alten Verszeilen gelten ganz sicher noch für ihren Schöpfer und sollten auch für uns Leser Maßstab sein: *„Ich aber nenne diesseits und jenseits der Stirn/ außer der Liebe nichts, / was mich hält und mir beikommt."*

Nachruf

Am 8. Juni 2008 hat der Lyriker und Essayist Peter Rühmkorf aufgehört zu dichten. Seinen vielen Preisen wurde posthum 2009 noch ein weiterer hinzugefügt: der Kasseler Literaturpreis für grotesken Humor. Über den freut er sich ganz gewiss von seinem „Ausguck" dort oben.

Dorothee Sölle

Die evangelische Theologin und Lyrikerin Dorothee Sölle wurde am 30. September 1929 in Köln als Tochter des bekannten Rechtsprofessors Hans Carl Nipperdey geboren. Sie studierte Theologie, Literaturwissenschaft und Philosophie und habilitierte sich 1971 mit einer Arbeit über die Zusammenhänge von Literatur und Theologie nach der Aufklärung. Zunächst arbeitete sie als Gymnasiallehrerin sowie als freie Mitarbeiterin beim Rundfunk. Von 1975 bis 1987 lehrte sie systematische Theologie am Union Theological Seminary in New York. Eine ordentliche Professur blieb ihr in Deutschland verwehrt. Erst 1994 erhielt sie eine Ehrenprofessur an der Universität Hamburg.

Dorothee Sölle war seit 1969 in zweiter Ehe mit Fulbert Steffensky, einem ehemaligen Benediktinermönch, verheiratet, und lebte mit ihm seit 1975 in Hamburg. Sie war vierfache Mutter.

Sowohl ihre Theologie, als auch ihre Lyrik waren von Anfang an stark von politischen

Überlegungen geprägt. So gründete sie 1968 in Köln das ‚Politische Nachtgebet' und wirkte in der Friedensbewegung mit. Sie war auch eine starke Verfechterin der feministischen Theologie.

Die streitbare Theologin, Pazifistin und Friedensaktivistin ermunterte zum Ernstmachen mit dem biblischen Auftrag der Bergpredigt. Ihr unermüdliches Engagement war bedingt durch das „Bewusstsein, nach Auschwitz zu leben". Immer war neben der Theologie aber auch die Poesie anwesend. Dorothee Sölle starb am 27. April 2003 während einer Tagung in Bad Boll an einem Herzinfarkt.

‚Mystik und Widerstand' (1997) könnte man als Motto ihres Lebens und Wirkens betrachten.

Mein Besuch bei Dorothee Sölle

Auf einer literarischen Ansichtskarte mit ihrem Gedicht ‚Genauer wünschen lernen' lädt mich Dorothee Sölle zu sich nach Hause ein. „Dankeschön für den Schimmer von Glauben!", schreibt sie und bezieht sich dabei auf eine Gedichtzeile aus meinem Gedicht ‚Auf der Mauer sitzend': „Auf der Mauer sitzend/ hoch über dem Grenzfluß/ unser Blick faßt das andere Land/ war sie plötzlich da/ die Frage/ die einzig entscheidende Frage/ wozu/ wir denn hier sind/ und noch immer wußten wir/ die Antwort nicht zu geben/ aber anderntags/ nahmen die Heiligen des Orts/ nahe der Grenze/ uns bei der Hand/ und zeigten uns was uns bis dahin/ verborgen war/ Und das Lächeln eines alten Mannes/ der in seinem Sonntagsgewand/ vor uns stand/ und der Friedensgruß/ einer ungewöhnlich kleinen Frau/ gab uns einen Schimmer/ vom Glauben/ dass doch alles gut sei/ weil da immer ein Platz ist/ wo wir hingebören/ und Einer/ der wartet"

Über Gedichte hatten wir uns kennen gelernt. Dass die weltbekannte und vieldiskutierte Theologin auch Verfasserin mehrerer Gedichtbände sensibler und engagierter Lyrik ist, in der sie eine ganz eigene Sprache gefunden hat, ist viel zu wenig bekannt.

Zierlich und drahtig, mit weitem Hemd und enger Hose, empfängt mich Dorothee Sölle zur verabredeten Nachmittagsstunde in ihrem schönen Haus im Hamburger Stadtteil Othmarschen. Ein strahlender Sommertag. Angenehm ungezwungen ist die Atmosphäre, und man spürt sofort, dass es in diesem Hause lebendig zugeht. Mit ihrem Mann, dem Professor für Religlonspädagogik, Fulbert Steffensky, wohnt die gebürtige Kölnerin seit 1975 in Hamburg.

Seitdem ihre vier Kinder nicht mehr zu Hause leben, ist das geräumige Haus fast zu groß geworden. Und Dorothee Sölle erzählt mir, wie froh sie ist, dass es sich oft belebt, wenn ihr Mann Gruppen von Studenten zu privaten Seminaren zu sich einlädt. Auch bei meinem Besuch erlebe ich, wie der großzügige Wohnraum mit Biedermeiersofa, Klavier, Bibliothek, Kinderspielzeug und verstreut liegenden Noten zum „Hörsaal" umfunktioniert wird.

Die mitgebrachte Rose, die Dorothee Sölle auf den Holztisch in der freundlich-antiquierten Küche stellt, ist der Einstieg zu unserem Gespräch. Ich erzähle ihr, dass ihr Aufsatz ‚Die Ros' ist ohn Warum – eine mystische Annäherung an die Frage nach dem Sinn des Lebens' vor vielen Jahren bei mir die Beschäftigung mit ihrer Theologie einleitete.

Die Frage nach dem Sinn des Lebens, die Überlegung, ob wir dem Leben einen Sinn geben oder ob der Sinn vor uns da ist, beantwortet Dorothee Sölle darin mit den Versen des Mystikers Angelus Silesius: „Die Ros' ist ohn Warum./ Sie blühet, weil sie blühet,/ sie acht nicht ihrer selbst,/ fragt nicht, ob man sie siehet."

Nicht mit theologischer Dogmatik, sondern mit der Dichtung, mit einer auch für sie selbst geltenden demütigen Frömmigkeit, die nicht nach dem Warum und Wozu fragt, sondern das Leben als Geschenk annimmt, gibt sie Antwort auf die Zerspaltenheit des modernen Menschen. Sie berichtet mir, dass sie gerade ein Seminar über mystische Texte abhalte, und ich frage sie, was für sie die größere Bedeutung habe, die Theologie oder die Dichtung.

Dorothee Sölle studierte Theologie, Philosophie und Literaturwissenschaft. Sie habilitierte sich über ein Grenzthema zwischen beiden Wissenschaften ‚Zum Verhältnis zwischen Theologie und Dichtung' und hatte Dozenturen in beiden Disziplinen inne. „Ich sehe das heute viel mehr zusammen", antwortet sie auf meine Frage, „mehr im Sinne einer Theopoesie, einer Dichtung über Gott." Und in der Tat, ihre eigenen Gedichte sprechen alle, direkt oder indirekt, über Gott. Auch in ihren Vorträgen, Predigten und Vorlesungen verbindet sie immer häufiger die analytisch-reflektierenden Aussagen mit meditativen Texten in Gedichtform.

Schaffe in mir gott ein herz ohne angst und gib mir
wenn du schon dabei bist andere füße
ich will nicht auf tausend messern gehen
 das stolpern das hinschlagen das bluten
ich will nicht immer nur das vermeiden suchen
 statt mit dem pfeilgeraden schlag meiner
 rückenflosse

mich vorzuschnellen wie früher
... ich möchte dass meine liebe wächst
wie die erde unter dem eis
die sich bewegt und dort bleibt
die sich zurücknimmt und kleinmacht und bleibt
länger als jeder winter

Dorothee Sölle bestätigt, was ich selbst miterlebt habe, dass ihre Zuhörer bei solchen eingestreuten Gedichten stärker berührt sind als von manchen ihrer aufrüttelnden, engagiert-provokativen, meist widerständigen und oft radikal formulierten theologisch-politischen Ausführungen. Das ist ein eigenartiger, faszinierender Kontrast bei dieser bemerkenswerten Frau! Dieser leise, zärtliche, traurige Ton in ihren Gedichten und die Schärfe und Unerbittlichkeit, die sich durch nichts korrumpieren lassen, wenn es um das Anprangern von Ungerechtigkeit, Militarismus, Totalitarismus, Profitstreben, um die großen Übel unserer Zeit und die kleinen, unausrottbaren Übel in unseren Herzen wie Habsucht, Neid und Lieblosigkeit geht.

Eine unerschrockene und unbequeme Querdenkerin ist Dorothee Sölle von Beginn an gewesen. Die Zielrichtung ihrer Theologie, die im praktischen Handeln das wesentliche Element einer Christusnachfolge sieht, fand 1968 ihren Ausdruck in dem von ihr in Köln gegründeten ‚Politischen Nachtgebet'.

Wir brauchen freunde
vielleicht haben wir sie schon
viele menschen lassen sich verlocken zumfrieden
mehr als wir denken und sehen
laßt uns dem alten ruf folgen
und menschen fischen.

Für den anderen, den Leidenden, Armen, Unterdrückten, Heimatlosen etwas tun, das ist die Hauptbotschaft von Dorothee Sölle. Und andere dazu anstiften, mitzutun, mitzukämpfen. Sie will die Menschen, ihre ‚Geschwister', wie sie stets so liebevoll sagt, auch herausholen aus ihrer Verzagtheit und Hoffnungslosigkeit.

Ein sprichwort aus südafrika sagt

man kann weinenden nicht die tränen ab-
wischen
ohne sich die hände naß zu machen

ich hör oft sagen
wie kann man das weinen verhindern
und seine ursachen beseitigen
...
die menschen mit den nassen händen
 sind bescheidener als wir
es ist nur eine geste
aus zärtlichkeit und trauer
die geschwister sind
kinder einer mutter
der erde.

Entscheidend sei, sagt Dorothee Sölle, wie wir unser Leben ändern müssten, damit Fremde nicht heimatlos, Arme nicht arm, Hungrige nicht ungespeist blieben. Sie erzählt mir, wie ihr einmal die Frage gestellt worden sei: Machen Sie das nun aus religiösen oder aus politischen Motiven und sie konsterniert zurückgefragt habe, wie diese Frage denn gemeint sei, das sei doch nicht zu trennen! „Theologie als Wissenschaft ist mir immer fragwürdiger geworden", sagt sie und schüttelt ihre weiße, fast kindlich anmutende Bubikopffrisur. Eine neue Spiritualität sei heute vonnöten, getragen von Erfahrungen mit dem Schmerz, von dem Bewusstsein, dass wir Menschen aufeinander angewiesen sind. Mehr noch: dass Gott uns braucht!

Nichts habe sie so sehr „in das Christentum gelockt", bekennt sie, wie dieses Wissen: Gott braucht mich. Diesen Gott habe sie gefunden auf ihrer Suche nach einem nichtpatriarchalen Gott. Im leidenden Gott, in der Gestalt Jesu, in den leidenden Brüdern und Schwestern, in einem radikalen Diesseitsverständnis gerade auch der Religion, wie sie beispielsweise auch Dietrich Bonhoeffer verstanden hat, konnte sie Gott viel besser verstehen. Nicht der Über-allem-Thronende, der von ferne unberührt Zuschauende, ist in ihrem Verständnis Gott, sondern der „leidende Gottesknecht", der Verstoßene, der Einsame, der Kranke, der Hungernde, der Gefolterte. „Christus hat keine anderen Hände als unsere" sagt Dorothee Sölle. Es war nicht der „ganz andere Gott", der am Anfang ihrer Theologie stand, sondern Jesus, der Mensch, der Bruder.

Als Kind und Heranwachsende erlebte sie die Nazizeit bereits mit geschärften Sinnen für das Unrecht. Sie erinnert sich noch heute an das heimliche Radiohören, an die zwei Sprachen, in denen zu jener Zeit geredet werden musste, eine offene zu Hause und eine für draußen, wo Offenheit lebensgefährlich war.

In jene Zeit fällt auch ein Erlebnis, über das sie mir berichtet, die Begegnung mit einem Gedicht. „Es waren Texte, die heimlich von Hand zu Hand gingen, auf dünnem grauen Papier geschrieben, kaum noch leserlich", erzählt sie. Sie kamen von Leuten aus dem Widerstand. Ein Gedicht von Werner Bergengruen hatte sie damals ungeheuer beeindruckt und blieb ihr über die Jahre hinweg in einzelnen ganz starken Versen in Erinnerung. Bergengruen spricht in dem Gedicht ‚Die letzte Epiphanie' mit der Stimme Christi beim Weltgericht: „Ich klopfe bei Nacht, ein bleicher Hebräer ein Flüchtling, gejagt, mit zerrissenen Schuhn/... ich kam als zitternde geistgeschwächte Greisin mit stummem Angstgeschrei/ ihr aber spracht vom Zukunftsgeschlechte und nur meine Asche gabt ihr frei/ ... Nun komm ich als Richter/ erkennt ihr mich jetzt?"

„Ein tolles Gedicht!", ruft sie voller Bewegung aus. Und sie erzählt, dass sie die Frage nicht in Ruhe gelassen habe: Wie konnte das geschehen? Als Antwort habe sie versucht, eine ‚Theologie nach Auschwitz' zu finden. Deshalb war Gott schon in ihren theologischen Anfängen niemals der Herrschergott, den es zu loben galt, sondern der Gott, der sich seiner Macht entäußert und sich in Jesus auf die Seite der Leidenden und Entrechteten stellt.

„Der sich selbst genügende, wandellose, ewige Gott jenseits von Bedürfnis und Verwundbarkeit kann auf die Frage des menschlichen Leidens nicht beziehungsweise nur zynisch antworten", schreibt Dorothee Sölle in ihrem Buch ‚Es muss doch mehr als alles geben'. Ein Ausspruch (und Buchtitel), wie er kaum typischer für diese Frau sein könnte, die sich niemals zufrieden gibt mit Verhält-

nissen, die Ungerechtigkeiten weiter fortschreiben. Eine Frau, die niemals aufgibt und sich entmutigen lässt, auch wenn ihre kritischen und innovativen Ansätze innerhalb der Theologie nicht unumstritten sind.

Auf ihre Position innerhalb der evangelischen Kirche angesprochen, antwortet sie: „Ich habe große Schwierigkeiten gehabt! Und es kommt immer mal wieder vor."

Noch auf dem letzten Kirchentag hätten die Evangelikalen drei Personen genannt, die ihnen nicht passten: Der Dalai Lama („Obwohl doch jeder weiß, dass er kein Christ ist", fügt sie lachend hinzu), die koreanische Theologin Chung Hyun Kyun (eine ehemalige Studentin von ihr in New York) und sie selbst! Auch habe ihr kürzlich eine junge Frau, die ihre Diplomarbeit in evangelischer Theologie über sie habe schreiben wollen, erzählt, dass sie mit folgendem Argument abgewiesen worden sei: „Frau Sölle ist ja eine bewundernswerte, fromme Frau, aber wissenschaftliche Theologie ist das doch nicht, was sie betreibt!"

„Das finde ich eine raffinierte neue Form des Ausgrenzens", kommentiert Dorothee Sölle. Trotzdem sagt sie nach kurzem Nachdenken: „Aber insgesamt fühle ich mich heute viel weniger allein in meiner Kirche als noch vor 20 Jahren. Die evangelische Kirche hat sich in den letzten 30 Jahren in eine Richtung bewegt, dass sie mir nahe ist." Und lächelnd fügt sie hinzu: „Ich denke nicht, dass es daran liegt, dass *ich* mich völlig verändert habe!"

Eine ordentliche Professur wurde ihr dennoch in Deutschland nie angeboten. Hingegen lehrte sie zwölf Jahre lang, von 1975 bis 1987, systematische Theologie am renommierten ‚UnIon Theological Seminary' in New York.

„Unsere Kirchen werden noch leerer werden", sagt Dorothee Sölle. „Was wir brauchen, sind neue Formen des Gottesdienstes, eine lebendige Liturgie, nicht solche ‚Pastorengottesdienste'." Sie lacht.

Aber da gebe es schon einige gute Ansätze. Sie schildert mir die Studentengottesdienste in St. Katharinen in Hamburg, mit gemeinsamen Bittgebeten und Gesängen von Taizé. „Da gehen die Menschen richtig aus sich heraus. Und das will schon etwas heißen hier im Norden Deutschlands!"

Dorothee Sölle

Nun kommt noch ein sommerliches Nachmittag hinzu – und viel Miteinander lachen.

Auch neue Lebensformen müssen gefunden werden, sagt sie. Neue Formen von Gemeinschaft. Taizé sei ein Beispiel, in der Schweiz gebe es ein weibliches Pendant dazu. Auch das Zusammenleben von mehreren Familien nach urchristlichem Muster sei eine zukunftweisende Richtung. „Was mich nämlich heute ungeheuer beunruhigt und traurig macht, ist dieser Trend zur Individualisierung, ein richtiger Individualisierungsschub!", sagt sie.

Jeder sei sich selbst der Nächste. Selbstfindung, Selbstverwirklichung, Selbstachtung – ja sogar innerhalb der Friedens-, Frauen-, und Ökologiebewegung seien viele dem Sog des Narzissmus erlegen. „In der heute vorherrschenden Ein-Kind-Familie werden so ganz unschuldige Sachen wie das Teilen eines Puddings einfach nicht mehr erlebt!" Wenn man aber nichts mehr zu teilen braucht, kann man sich auch nicht selber teilen. Man erkennt nicht, dass man gebraucht wird, dass wir alle aufeinander angewiesen sind.

Dabei sei ein solches Verständnis von Solidarität heute nötiger denn je. „Denn alle Kreatur braucht Hilf von allen", so hat Brecht gesagt. Dorothee Sölle weist in einem sehr schönen Gedicht in die Richtung, wie wir uns als Teil der Schöpfung erkennen und von ihr lernen können:

Vom baum lernen der jeden tag neu
sommers und winters nichts erklärt

niemanden überzeugt nichts herstellt
einmal werden die bäume die lehrer sein
das wasser wird trinkbar
und das lob leise
wie der wind an einem septembermorgen

Hier wie in vielen ihrer Gedichte, die oft auch gleichzeitig Gebete sind, spürt man, wie sie getragen sind von einer unausrottbaren Hoffnung. Diese schöpft Dorothee Sölle aus den Verheißungen der Bibel und einem Leben, Lieben, Arbeiten, Kämpfen für das, was uns versprochen ist.

Durch unser Beten und Arbeiten, durch eine neue Form des ‚Ora et labora' können und müssen wir mitwirken, dass die Schöpfung nicht zugrunde geht, dass die Welt gerechter werde. Gott ist uns besonders nahe in seiner geschundenen Kreatur, so sieht es Dorothee Sölle. Und als solcher wartet er auf unsere Hilfe.

Beten, so sagt sie, heißt auch, mit Gott ringen, Gott nicht freisprechen, ihn nötigen, wie einst Jakob im Kampf mit dem Unbekannten, den er beschwor „Ich lasse dich nicht, du segnest mich denn."

„Gott so zu bedrängen, dass er Gott wird", so drückt es Dorothee Sölle aus. An der „Ohnmacht Gottes in der Welt teilnehmen", so hat es Dietrich Bonhoeffer formuliert, auf den sie sich des öfteren beruft. Beides, das praktische Handeln und die Kontemplation, das Gebet, sind für Dorothee Sölle gleichermaßen wichtig.

Eine große decke breite aus
aus wünschen die so viel zärtlichkeit atmen
dass sie gebete werden

und lieben ist das tätigkeitswort
das zu gott gehört
so kommt die decke von gott

Eine dunkle decke
ausgebreitet die hoffnung der armen zu schützen
bis die nacht endet
bis endlich die nacht endet

Dorothee Sölle, eine Frau mit Charisma!
Nicht von ungefähr sind ihre Vorträge und

Meditationen immer noch überlaufen, auch wenn die Medien längst nicht mehr so viel Notiz von ihr nehmen. Vielleicht liegt das daran, dass ihre Sprache leiser geworden ist – und doch nicht weniger klar und unmissverständlich. „Von Gott reden – das ist, was ich möchte. Das versuche ich seit vielen Jahren: in der Sprache der Frauen, in der Sprache der Rechtlosen, in der Sprache meiner Tradition."

Wie sieht sie heute die Friedens- und Frauenbewegung, deren leidenschaftliche Mitkämpferin sie gewesen ist?

„Zurzeit sieht es düster aus. Aber ich glaube nicht", antwortet sie, „dass solche Lernprozesse wie die Friedensbewegung sich vergessen lassen. Und auch für die Frauenbewegung ist weniger wichtig, ob wir Gott ‚er' oder ‚sie' nennen, als vielmehr, wie wir nach der Bibel leben."

„Ich glaube", fügt sie hinzu, „dass die Asylfrage, die Ausländerfrage mehr und mehr in den Vordergrund rückt."

„Ich habe einen Traum", so hat Dorothee Sölle auf dem Kirchentag in München gepredigt, „von einer Kirche aus vielen Basisgemeinden. Wenig Bürokratie und viel Partizipation. Klare politische Optionen für all die, von denen unser Text spricht (Matthäus 25, Über das Weltgericht). Kirchenasyl für die, die der Staat abschieben will. Unbürokratische Hilfe für Deserteure aus Bosnien. Regeln für Lebensstil und Konsum, eine neue Art freiwilliger Armut, die sich einrichtet auf das Überleben der Erde. Ein Haus mit offenen Türen und voller Lobgesang."

Was sie sehr bedrücke, erzählt sie mir, sei das Anwachsen der Gewalt und eine zunehmende Entpolitisierung vieler Jugendlicher. „Was mich fast noch mehr beunruhigt", sagt sie, „ist so ein postmodernes Lebensgefühl des *anything goes*, eine Beliebigkeit und eine eigenartige Blindheit der Realität gegenüber!" So könne das nicht weitergehen, meint Dorothee Sölle. Aber als Mahner habe man nur eine Chance, wenn man auch anders lebt.

„Dem Fremden, dem Ausländer kann man nur dann richtig begegnen, wenn man selber nicht vollständig zu Hause ist." Ein etwas ungewöhnlicher Gedankengang, den

Dorothee Sölle äußert, als wir auf die Ausländerproblematik zu sprechen kommen. „Und wir müssen dafür sorgen, dass die Menschen nicht ihre Heimat verlassen müssen, weil sie von Krieg, Hunger und Verfolgung bedroht werden." Damit ist sie schon wieder ganz beim praktischen Handeln angelangt.

Dennoch herrscht auch in uns allen eine Sehnsucht nach Heimat, einer Heimat, in der noch keiner war. „Wir sind exiliert, unsere Heimat ist im Himmel." Es ist das verheißene Land, von dem die Bibel spricht. Deshalb, so folgert Dorothee Sölle: „Jeder Mensch ist ein Ausländer, fast überall und jeder Mensch der Sehnsucht ist ein Ausländer, überall. Gott selber ist es, der uns heimatlos macht!"

Fulbert Steffensky kommt zu uns, um einen Tee mit uns zu trinken. „Ist der aber stark!", stellt er fest. Sie lacht: „Das sagt er jedes Mal, seit mehr als zwanzig Jahren!" Das Ehepaar Sölle-Steffensky pflegt einen liebevollen Umgang miteinander, das spürt man.

Wir müssen herzlich lachen, als Dorothee Sölle mir einen gehäuften Löffel Salz in den Tee streut und ich es erst beim ersten Schluck bemerke.

Als durch und durch biblischer Mensch hatte sie wohl unbewusst an den Spruch vom ‚Salz der Erde' gedacht!

Für Sehn

mit guten Wünschen

(trotz versalztem Thee)

Dorothee Sölle

Ich muss bei diesem Theologen-Ehepaar an praktisch gelebte Ökumene denken, obwohl der ehemalige Benediktinermönch zur evangelischen Kirche übergetreten ist. „Das hätte er eigentlich nicht gebraucht", sagt Dorothee Sölle, „das waren mehr praktische Gründe."

Genauer wünschen lernen

In einem rhythmus leben mit dir
 über die gleichen vögel lachen
zusammen aufstehen murren und arbeiten gehen
hungrig werden und mit dir kochen

In einem rhythmus leben gegen dich
lieben wollen wenn du lesen willst
diskutieren wenn du weinst
nüchtern sein wenn du dich betrinkst

Wünschen möchte ich lernen
mit dir und gegen dich
dasein möcht ich für dich
ohne mich aufzulösen

Dein bin ich und nicht dein
aber immer noch vielmehr dein
als ich je mein war

*was man genau genommen
für einen gettesbeweis halten kann*

„Er hat mich immer mehr katholisiert!", meint sie lachend. Sie empfinden es beide als ungeheure Bereicherung ihres gemeinsamen Lebens, dass er seine Wurzeln im Katholizismus und besonders im Mönchtum hat. Überhaupt sieht Dorothee Sölle kaum noch wesentliche Trennungsgründe zwischen den Konfessionen. „Wir müssen doch aus dem Quatsch einmal rauskommen! Diejenigen, die die Unterschiede so sehr betonen, bringen sich doch selbst ins Abseits."

Die Annäherungen unter den christlichen Konfessionen sieht sie als ein österliches Zeichen „der Auferstehung aus dem Grab des Konfessionalismus". Manches Mal kommen katholische junge Frauen zu ihr und bitten sie um Rat, weil sie – und das mache sie sehr traurig – mit der patriarchalen Kirche nicht zurechtkämen. Und sie ermuntere sie, doch dabei zu bleiben und weiter zu arbeiten. Nein, nicht so sehr zwischen katholisch und evangelisch sähe sie heute noch Trennungslinien, sondern zwischen einer ‚Kirche von oben' und einer ‚Kirche von unten'.

„Ein halbes Jahr werde ich ausschließlich Mutter und Großmutter sein", erzählt sie mir zum Ausklang unseres Gesprächs, und Freude schwingt in ihrer Stimme, „wenn meine Tochter Caroline, die als Ärztin in Bolivien lebt, mich besuchen kommt!" Dorothee Sölle ist ein Familienmensch. Selbst in einer großen Familie aufgewachsen, unterhält sie zu ihren Kindern und Geschwistern und deren Familien einen regen Kontakt.

Voll Wärme erzählt sie mir von ihrer behinderten Tochter Michaela, die in Bethel lebt und der es jetzt viel besser gehe. Als wir beim Abschied schon auf der Freitreppe vor dem Haus stehen, kommt Dorothee Sölle plötzlich noch auf ihre Mutter zu sprechen. „Als sie starb", erzählt sie, „war ich mit meiner jüngsten Tochter Miriam bei ihr. Das war schön. Ja", sagt sie ein wenig versonnen, „es ist eigenartig, dass sich mir diese Vokabel aufdrängt. Aber es war so. Es war so etwas Würdevolles! Sie legte meiner Tochter die Hand auf den Kopf ..., es war wie ein Segnen."

Wir stehen noch immer auf der Treppe. Rosenduft hängt schwer in der Luft. „Die Ros' ist ohn Warum", denke ich.

Es ist eigenartig, wie unvermutet am Ende noch das Thema Tod zwischen uns aufgetaucht ist. Mit großer Selbstverständlichkeit. Es gehört zum Leben dazu. Im üppigen Baumgrün, aus welchem das Haus wie aus einem Versteck herausschaut, spielt das Sommerlicht.

*Schönheit denk ich ist arbeit
die andere vor uns getan haben
absichtslos
haben sie unser glück vermehrt
...
gott denk ich muss damals
gearbeitet haben
absichtslos für uns
es werde soll er gesagt haben
licht*

Nachruf

Dorothee Sölle starb am 27. April 2003 während einer Tagung in Bad Boll an einem Herzinfarkt.

„Über das Glück" lautete der letzte Vortrag Dorothee Sölles. Und es gilt, was für die Theologin und Dichterin der Gottesliebe wegweisend war: „Wenn du nur Glück willst, willst du nicht Gott."
Diese Sehweise befähigte sie zum Mitleiden mit der geschundenen Kreatur, zur Compassio, wie sie in ihrem Buch „Leiden" (1973) ausführte: mit Jesus in Garten Gethsemane mitleidend ausharren „heißt im Bewusstsein der Einheit mit dem Ganzen zu leben. Die so Leidenden sind unzerstörbar. Nichts kann sie scheiden von der Liebe Gottes."

du hast mich geträumt gott
wie ich den aufrechten gang übe
und niederknien lerne

schöner als ich jetzt bin
glücklicher als ich mich traue
freier als bei uns erlaubt

hör nicht auf mich zu träumen gott
ich will nicht aufhören mich zu erinnern
dass ich dein baum bin
gepflanzt an den wasserbächen
des lebens

Es gibt Koinzidenzen. Am Tag, an dem Dorothee Sölle starb, lautete die Losung: „Der gerechte Mensch ist wie ein Baum, gepflanzt an den Wasserbächen, der seine Frucht bringt zu seiner Zeit, und seine Blätter verwelken nicht." (Psalm 1, Vers 3)

DOROTHEE SÖLLE

ROOSENS WEG 7
2000 HAMBURG 52

4.11.2002

FAX 040-8535-8787

Lieber Ilkan Schreidgen,

gerade habe ich in Publik-Forum Ihren schönen Artikel über Herta Müller gelesen, vielen Dank.

Ich bin dabei noch ein Kapitel zu meinem Lebensroman zu schreiben, über die Mystik des Todes. Gibt es ein Buch von Herta Müller, das Sie mir besonders empfehlen könnten? Könnten Sie mir das nennen? Das würde mich freuen.

In guter Erinnerung an unsere Begegnung!

Ihre
Dorothee Sölle

Ein knappes halbes Jahr vor ihrem plötzlichen Tod schrieb mir Dorothee Sölle und bat mich um Empfehlung eines Buches von Herta Müller für ein Kapitel in ihrem „Lebenswerk", wie sie es nannte, über die „Mystik des Todes".

In meinem Antwortbrief empfahl ich ihr den Roman „Herztier" und außerdem das Buch „der fuchs war damals schon der jäger". Ich hatte kurz zuvor wieder einmal in ihrem Buch „Mystik und Widerstand" gelesen und fand darin erstaunt einen Gedankengang wieder, der auch in meinem Gespräch mit Martin Walser aufgetaucht war. Dorothee Sölle interpretierte die Verse von Friedrich Hölderlin „Seit wir ein Gespräch sind und hören können voneinander" als eine mystische Grundtatsache. Auch diese Gedanken schrieb ich ihr.

```
Und der Vater thront nun nimmer oben al-
lein.
Und andere sind noch bei ihm.
Viel hat erfahren der Mensch. Der Himmli-
schen viele genannt,
Seit ein Gespräch wir sind
Und hören können voneinander.

    Friedrich Hölderlin
```

Dass sie die Mystik des Todes schon so bald selbst erfahren sollte, das gehört zu den Geheimnissen ihres und eines jeden Lebens.

Mir träumte von einem Leiterwagen
ich sah ihn nur kurz
aber ich hörte ihn klappern
auf den kleinen Pflastersteinen

Ein unverstandener Traum
lese ich im Talmud
ist wie ein ungeöffneter Brief

Nie hab ich als Kind
den Leiterwagen bekommen
den ich mehr als alles brauchte

Später sah ich den großen Wagen
über derselben Straße
und wunderte mich
ob ich in ihm fahren könnte

Den Brief hab ich geöffnet
aber lesen kann ich ihn nicht
ganz undeutlich entziffere ich
ein verblaßtes Wort namens Frieden

Herzlichen Sondergruß, lieber Jena!
Dorothee Sölle

Ilka Scheidgen hat ein Talent, über das nur wenige Schriftsteller verfügen: Sie ist nicht „nur" Lyrikerin und Romanautorin, sondern auch eine gute Gesprächspartnerin, die sich anders als viele andere Autoren auch für das Leben ihrer schreibenden Kollegen interessiert.

Die Autorin versteht es, die Gespräche geschickt mit Zitaten, mit Hintergrundwissen und kleineren Exkursen zu einem komprimierten, aber sehr essenziellen Porträt zu „verdichten". Nicht das nette Geplauder steht im Vordergrund, sondern es geht medias in res um die wichtigsten Themen des Menschseins.

Durch ihre behutsame Art gelingt es Scheidgen dabei, dass die Autoren selbst bei heiklen Fragen, wie etwa der nach dem Glauben, nicht gleich verstummen, sondern sich einlassen, ihren Befürchtungen und Hoffnungen Ausdruck verleihen. So entstanden gelungene Autorenporträts, die nicht nur informativ, sondern durch ihr hohes Maß an sprachlicher Reflexion auch sehr lesenswert sind.

Michael Thalken in Kölner Stadt Anzeiger

© *Ilka Scheidgen*

Ilka Scheidgen schreibt Lyrik, Romane, Erzählungen, Essays, Rezensionen und Autorenporträts. Sie hat sich als Schriftstellerin und Publizistin in vielfacher Weise einen Namen gemacht.

Sie hat zwei vielbeachtete Biografien geschrieben: über Hilde Domin und Gabriele Wohmann.

2002 wurde sie für ihr literarisches Werk mit dem Kulturpreis des Kreises Euskirchen ausgezeichnet.

Homepage der Autorin:
www.ilka-scheidgen.de